나 의 첫 문 법 파 트 너

초등영문법 777 0

UNIT 01

공부한 날 :　　　　복습한 날 :　　　　부모님 확인 :

명사! 모든 것들의 이름

초777_0_1

People
사람

doctor
의사

singer
가수

police officer
경찰관

student
학생

Things
사물

cup
컵

bag
가방

tree
나무

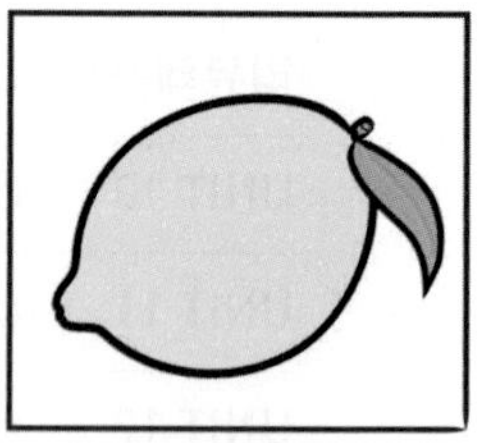

lemon
레몬

Animals & Insects
동물과 곤충

dog
개

ant
개미

rabbit
토끼

bird
새

Places
장소

house
집

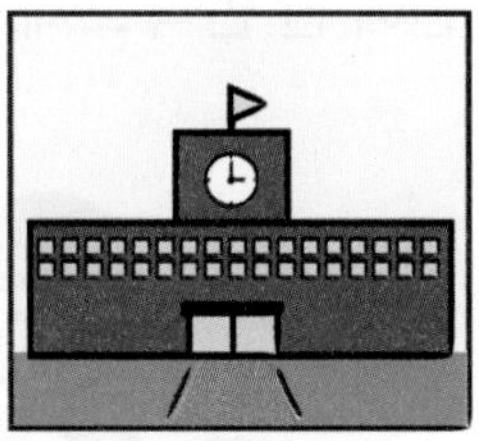

school
학교

zoo
동물원

beach
바닷가

연습문제

문제를 풀고 녹음 파일을 따라 읽고 연습하세요.
정답 및 해석 p. 99

Step 1 그림을 보고 알맞은 명사에 연결해보세요.

초777_0_1_s1

1 

2 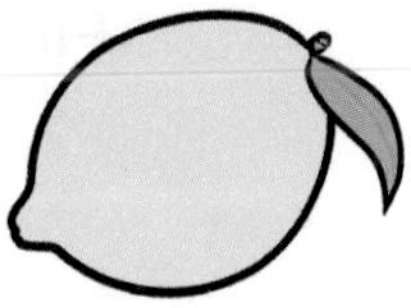

3 

4 

5 

- lemon
- bird
- singer
- beach
- bag

Step 2 다음 명사들을 종류대로 구분해서 해당하는 칸에 한 번씩 쓰세요.

초777_0_1_s2

lion

hospital

farmer

piano

painter

guitar

apple

dog

playground

bee

flower

firefighter

People 사람

farmer,

Things 사물

Animals & Insects 동물과 곤충

Places 장소

Step 3 아래의 열쇠를 보고 알맞은 명사를 영어로 써 보세요.

초777_0_1_s3

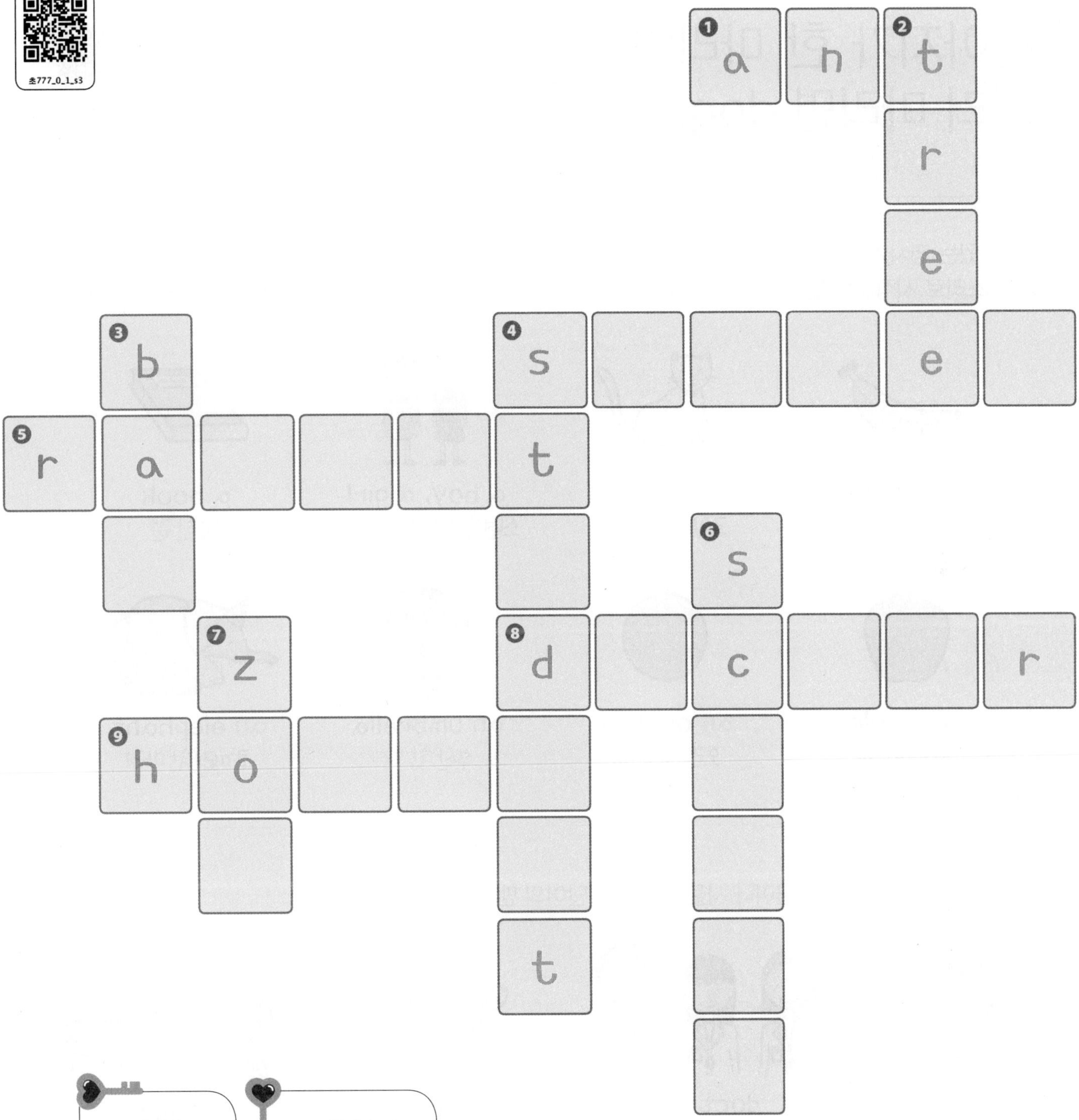

가로열쇠	세로열쇠
❶ 개미	❷ 나무
❹ 가수	❸ 가방
❺ 토끼	❹ 학생
❽ 의사	❻ 학교
❾ 집	❼ 동물원

UNIT 02

공부한 날 : 복습한 날 : 부모님 확인 :

강아지가 한 마리면 a dog, 여러 마리면 dogs

초777_0_2

셀 수 있는 명사가 하나일 때, 명사 앞에는 '하나, 한 개'의 의미를 나타내는 a 또는 an을 씁니다.
자음 소리로 시작하는 단어 앞에는 a, 모음 소리 a, e, i, o, u로 시작하는 단어 앞에는 an을 씁니다.

a banana
바나나 한 개

a cat
고양이 한 마리

a boy, a girl
소년 한 명, 소녀 한 명

a book
책 한 권

an apple
사과 한 개

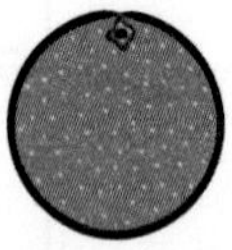
an orange
오렌지 한 개

an umbrella
우산 한 개

an elephant
코끼리 한 마리

명사가 둘 이상의 사람, 동물이나 사물일 때에는 단어의 맨 끝에 -s를 붙입니다.

a doctor
의사 한 명

vs.

doctors
의사들

a dog
개 한 마리

vs.

dogs
개들

a flower
꽃 한 송이

vs.

flowers
꽃들

a car
차 한 대

vs.

cars
차들

연습문제

문제를 풀고 녹음 파일을 따라 읽고 연습하세요.
정답 및 해석 p. 99

UNIT 02

Step 1 다음 명사 앞에 들어갈 a 또는 an을 바르게 써 보세요.

초777_0_2_s1

1

an ant

2

turtle

3

ball

4

octopus

5
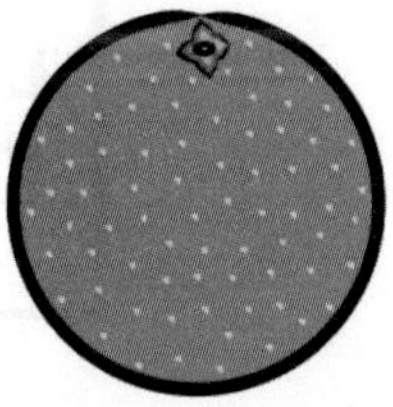
orange

6

sandwich

7
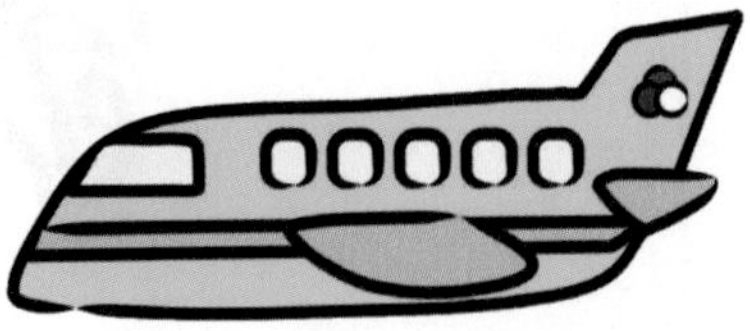
airplane

8

bag

Step 2 그림을 보고 단어의 알맞은 형태를 고르세요.

초777_0_2_s2

1

☐ a truck ☑ trucks

2

☐ a doctor ☐ doctors

3

☐ a lion ☐ lions

4

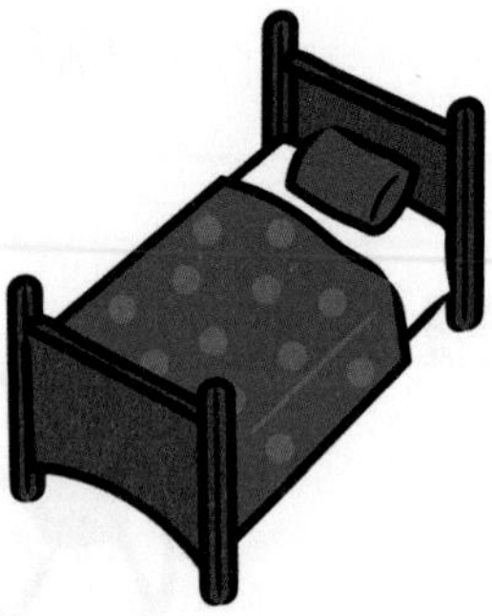

☐ a bed ☐ beds

5

☐ a cookie ☐ cookies

6

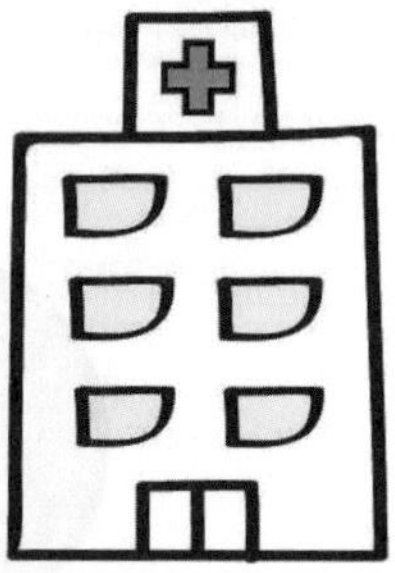

☐ a hospital ☐ hospitals

7

☐ a spoon ☐ spoons

8

☐ an ear ☐ ears

Step 3 그림을 보고 주어진 단어를 알맞은 형태로 써 보세요.

초777_0_2_s3

1 ruler

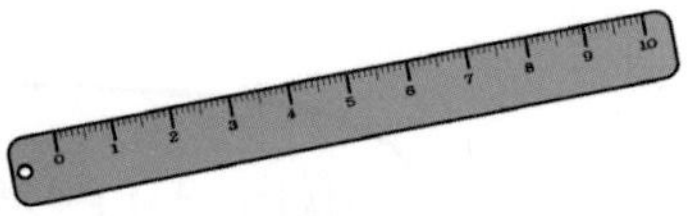

a ruler

2 glove

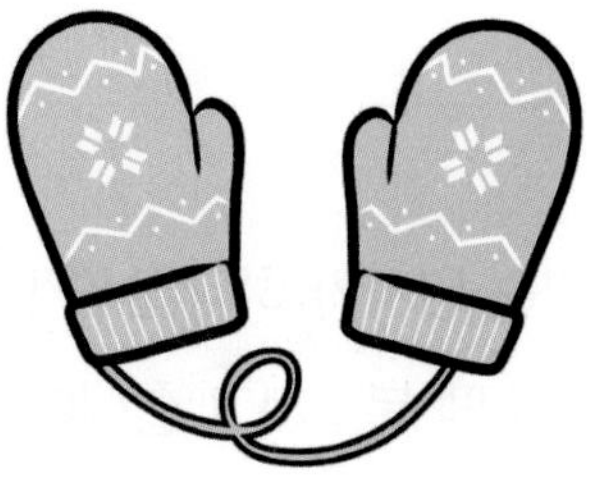

3 boat

4 cat

5 elephant

6 clock

7 boy

8 cupcake

공부한 날 :　　　　복습한 날 :　　　　부모님 확인 :

UNIT 03

명사의 복수형

초777_0_3

셀 수 있는 명사가 하나일 땐 단수, 둘 이상일 땐 복수라고 합니다. 명사의 복수형을 만드는 방법에는 여러 가지가 있습니다. 다음 단어의 예들을 자세히 살펴볼까요?

명사의 복수형 만드는 법

하나! 대부분의 명사들은 단어 끝에 -s를 붙여서 복수형을 만듭니다.

cat - cats　　apple - apples　　toy - toys

둘! -s, -sh, -ch, -x, -o로 끝나는 명사들은 단어 끝에 -es를 붙입니다.

bus - buses　　brush - brushes　　watch - watches
box - boxes　　tomato - tomatoes

셋! 「자음 + y」로 끝나는 명사들은 y를 i로 고치고 -es를 붙입니다.

baby - babies　　city - cities　　story - stories

넷! -f, -fe로 끝나는 명사들은 f, fe를 v로 고치고 -es를 붙입니다.

wolf - wolves　　leaf - leaves　　knife - knives

다섯! 잠깐! 영어에는 예외적으로 불규칙적인 모양의 복수형이 있답니다. 외워두세요!

man - men　　woman - women　　child - children
fish - fish　　tooth - teeth　　sheep - sheep
mouse - mice　　foot - feet

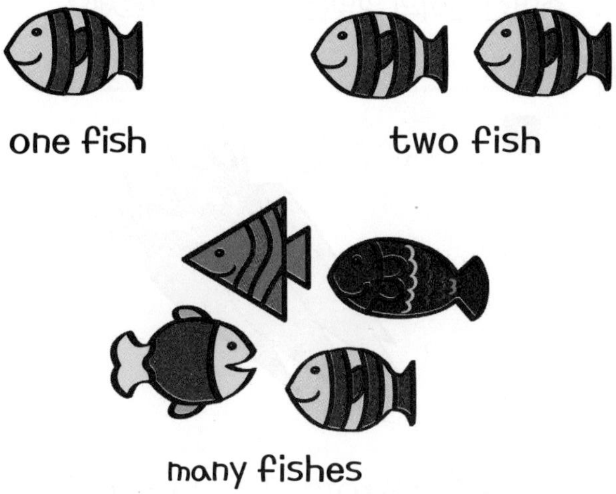

연습문제

문제를 풀고 녹음 파일을 따라 읽고 연습하세요.
정답 및 해석 p. 99

Step 1 다음 중 알맞은 명사의 복수형을 고르세요.

초777_0_3_s1

1 a door ⇨ two (doors / doores)

2 a potato ⇨ four (potatoes / potatos)

3 a cherry ⇨ five (cherries / cherrys)

4 a watch ⇨ three (watchs / watches)

5 an egg ⇨ two (eggs / egges)

6 a foot ⇨ two (foots / feet)

7 an orange ⇨ five (orangs / oranges)

8 a city ⇨ two (cities / citys)

9 a sheep ⇨ three (sheeps / sheep)

10 a leaf ⇨ four (leaves / leafs)

Step 2 주어진 단어의 알맞은 복수형을 고르세요.

초777_0_3_s2

1

☑ carrots ☐ carrotes

2

☐ cherrys ☐ cherries

3

☐ brushes ☐ brushs

4

☐ childs ☐ children

5

☐ leafs ☐ leaves

6

☐ bookes ☐ books

7

☐ candys ☐ candies

8

☐ mouses ☐ mice

Step 3 주어진 단어의 알맞은 복수형을 써 보고, 퍼즐 속에서 찾아보세요.

초777_0_3_s3

1 cat 고양이 ⇨ cats

2 watch 손목시계 ⇨ ______

3 baby 아기 ⇨ ______

4 tooth 이 ⇨ ______

5 wolf 늑대 ⇨ ______

6 potato 감자 ⇨ ______

UNIT 03

H	A	S	W	V	A	J	P
U	B	A	B	I	E	S	O
W	G	D	D	E	D	A	T
O	W	I	H	N	C	C	A
L	M	L	J	N	A	Z	T
V	N	T	E	E	T	H	O
E	C	Z	W	T	S	X	E
S	W	A	T	C	H	E	S

UNIT 04

셀 수 없는 명사

공부한 날 : 복습한 날 : 부모님 확인 :

초777_0_4

사람 • 사물 등의 이름을 나타내는 명사에는 개수를 셀 수 있는 명사가 있고 셀 수 없는 명사도 있습니다.

명사	셀 수 있는 명사	보통명사	house, book, bed, tree, rabbit, flower, city (집) (책) (침대) (나무) (토끼) (꽃) (도시)
		집합명사	team, class, family, band, club (팀) (반) (가족) (밴드) (클럽)
	셀 수 없는 명사	고유명사	Korea, America, Minji, Tom (한국) (미국) (민지) (톰)
		물질명사	water, milk, sugar, bread, rice, air (물) (우유) (설탕) (빵) (쌀) (공기)
		추상명사	beauty, love, hope, peace, freedom (아름다움) (사랑) (희망) (평화) (자유)

여기서 잠깐!
- 보통명사 : 정해진 모양이 있는 사물의 일반적인 이름을 말합니다.
- 집합명사 : 여러 가지 것들이 모여 집합을 이룬 명사를 말합니다.

Korea
한국

King Sejong
세종대왕

Paris
파리

고유명사

사람 이름, 나라 이름처럼
이 세상에 단 하나뿐인 명사를 말합니다.
첫 글자는 항상 대문자로 쓴답니다.

물질명사

물 같은 액체나 빵 같은 덩어리와 같이
형태가 정해져 있지 않은 명사를 가리킵니다.

water
물

bread
빵

sugar
설탕

추상명사

정해진 모양이 없고 눈으로 볼 수 없는
생각, 감정 등을 나타내는 명사를 말합니다.

love
사랑

friendship
우정

peace
평화

연습문제

문제를 풀고 녹음 파일을 따라 읽고 연습하세요.
정답 및 해석 p. 100

Step 1 주어진 단어를 보고, 셀 수 있는 것에는 ○표, 셀 수 없는 것에는 ×표 하세요.

초777_0_4_s1

1

~~milk~~

2

friendship

3

book

4

tree

5

cat

6

rice

7

flower

8

Paris

9

sugar

Step 2 다음 마트에서 구입한 물건들 중 구매목록에 적혀 있는 ①~⑥의 물건들을 찾아 동그라미 하고, 해당하는 곳에 표시해 보세요.

초777_0_4_s2

Grocery List

	셀 수 있는 명사	셀 수 없는 명사
① milk	☐	☑
② egg	☐	☐
③ bread	☐	☐
④ ketchup	☐	☐
⑤ banana	☐	☐
⑥ pineapple	☐	☐

Step 3 우리말에 맞도록 밑줄 친 부분을 알맞게 고치고, 전체 문장을 써 보세요.

초777_0_4_s3

1 I eat **rices**. ⇨ rice

I eat rice.

나는 **밥**을 먹는다.

2 I live in **a Seoul**. ⇨ ______

나는 **서울**에 산다.

3 I like **rains**. ⇨ ______

나는 **비**를 좋아한다.

4 **A Tom** is my friend. ⇨ ______

Tom(**톰**)은 나의 친구이다.

5 I drink **milks**. ⇨ ______

나는 **우유**를 마신다.

UNIT 01~04

REVIEW TEST

공부한 날 : 복습한 날 : 부모님 확인 :

UNIT 01 명사! 모든 것들의 이름 UNIT 02 강아지가 한 마리면 a dog, 여러 마리면 dogs UNIT 03 명사의 복수형 UNIT 04 셀 수 없는 명사

[1~4] 그림을 보고 알맞은 단어에 연결해보세요.

1  • • zoo

2  • • umbrella

3  • • rabbit

4  • • firefighter

5

그림을 보고 알맞은 단어들을 찾아보세요.

F	L	O	M	H	D
P	I	A	N	O	I
F	O	T	C	U	P
A	N	I	E	S	S
H	T	R	E	E	P
N	O	A	Z	Y	A

[6~9] 그림과 어울리는 알맞은 표현을 골라보세요.

6  (a banana / bananas)

7  (an ant / ants)

8  (a student / students)

9  (a car / cars)

[10~12] a/an 중 알맞은 것을 써 보세요.

10  ________ boy

11  ________ doctor

12 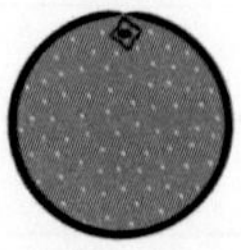 ________ orange

[13~15] 그림을 보고 단어의 알맞은 형태를 고르세요.

13  (leafs / leaves)

14  (trucks / truckes)

15  (children / childs)

[16~18] 그림에 어울리는 알맞은 복수형을 써 보세요.

16  c ____________

17  f ____________

18  m ____________

[19~24] 셀 수 있는 명사에는 O표, 셀 수 없는 명사에는 X표를 해보세요.

19 
Seoul

20 
water

21 
cookies

22 
pencils

23 

sugar

24 
love

25

아래의 열쇠를 보고 알맞은 명사를 영어로 써 보세요.

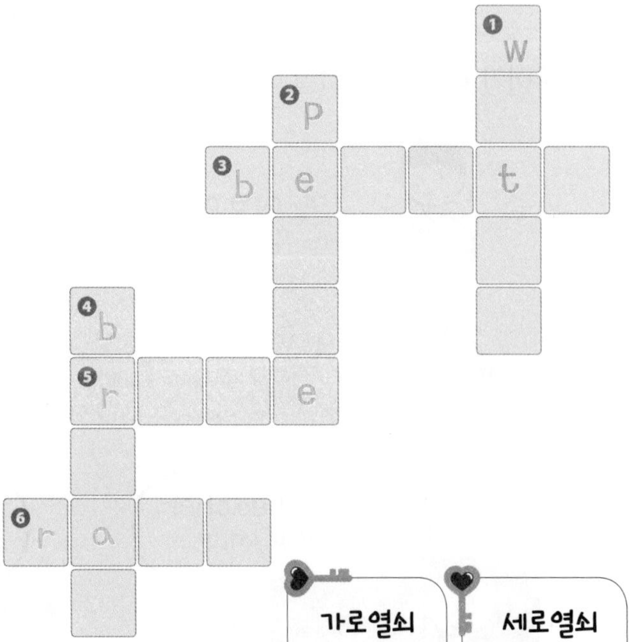

가로열쇠
❸ 아름다움
❺ 쌀
❻ 비

세로열쇠
❶ 물
❷ 평화
❹ 빵

UNIT 05

공부한 날 :　　　　복습한 날 :　　　　부모님 확인 :

주격 대명사 I, We, You

초777_0_5

명사는 다른 단어로 대신해서 쓸 수 있는데, 명사 대신 쓰는 단어를 **대명사**라고 합니다. 문장의 주인공인 **'주어'**를 대신해서 쓰는 대명사를 **주격 대명사**라고 한답니다.

주어가 **나**일 때는 **I** 라고 쓰고, **우리**일 때는 **We**라고 써요.

I am a student.
나는 학생이다.

We are students.
우리는 학생들이다.

주어가 **너** 또는 **너희**일 때는 **You**라고 쓸 수 있어요.

You are a soccer player.
너는 축구 선수이다.

You are soccer players.
너희는 축구 선수들이다.

연습문제

문제를 풀고 녹음 파일을 따라 읽고 연습하세요.
정답 및 해석 p. 101

Step 1 그림의 빈칸에 내 이름을 써 보고, 알맞은 주격 대명사를 고르세요.

초777_0_5_s1

1 ____________ (내 이름) ☑ I ☐ We

2 Ha-jun(하준) and I ☐ I ☐ We

3 Jenny(제니) ☐ You ☐ We

4 Li-na(리나) and you ☐ I ☐ You

5 Tom(톰) and I ☐ You ☐ We

UNIT 05

Step 2 그림을 보고 알맞은 주격 대명사를 고르세요.

초777_0_5_s2

1

(You / I) are heroes.
너희는 주인공들이다.

2

(I / We) are students.
우리는 학생들이다.

3

(We / You) are my friend.
너는 내 친구이다.

4

(I / We) am a firefighter.
나는 소방관이다.

5

(I / We) are ten years old.
우리는 10살이다.

6

(I / You) are a farmer.
너는 농부이다.

7

(We / I) am hungry.
나는 배고프다.

8

(You / We) are a police officer.
너는 경찰관이다.

Step 3 우리말에 맞도록 밑줄 친 부분을 알맞게 고치고, 전체 문장을 써 보세요.

초777_0_5_s3

1 You am a singer. ⇨ I

I am a singer.

나는 가수이다.

2 We are my friends. ⇨ ______

너희는 내 친구들이다.

3 I like to dance. ⇨ ______

우리는 춤추는 것을 좋아한다.

4 We am a scientist. ⇨ ______

나는 과학자이다.

5 I are my sister. ⇨ ______

너는 내 여동생이다.

UNIT 05

UNIT 06 공부한 날 : 복습한 날 : 부모님 확인 :

주격 대명사 He, She, They, It

초777_0_6

주어가 나, 우리, 너일 때에는
주격 대명사로 I, We, You를 썼습니다.
이번엔 주어가 그, 그녀, 그들일 때
어떤 주격 대명사를 쓰는지 알아볼까요?

주어가 **그**일 때는 **He**, **그녀**일 때는 **She**, **그들**일 때는 **They**라고 씁니다.

He is angry.
그는 화가 났다.

She is a student.
그녀는 학생이다.

They are happy.
그들은 행복하다.

주어가 동물이나 사물일 때도 주격 대명사를 쓸 수 있습니다.
주어가 **그것**일 때는 **It**, **그것들** 일 때는 **They**라고 합니다.

It is a bike.
그것은 자전거이다.

They are dolphins.
그것들은 돌고래들이다.

연습문제

문제를 풀고 녹음 파일을 따라 읽고 연습하세요.
정답 및 해석 p. 101

Step 1 그림을 보고 알맞은 주격 대명사를 골라보세요.

초777_0_6_s1

1

(She / They / He)

2

(He / It / She)

3

(It / They / He)

4

(He / They / She)

5

(She / He / It)

6

(They / It / She)

7

(It / She / They)

8

(He / It / She)

9

(He / They / It)

UNIT 06

Step 2 우리말에 맞도록 알맞은 단어를 고르고, 빈칸에 써 보세요.

초777_0_6_s2

1

☑ It ☐ They

It is fast.

그것은 빠르다.

2

☐ She ☐ They

_______ are my friends.

그들은 나의 친구들이다.

3

☐ She ☐ It

_______ is a doctor.

그녀는 의사이다.

4

☐ He ☐ It

_______ is a ring.

그것은 반지이다.

5

☐ It ☐ They

_______ are slow.

그것들은 느리다.

6

☐ It ☐ He

_______ is dancing.

그는 춤추고 있다.

Step 3 우리말에 맞도록 밑줄 친 부분을 알맞게 고치고, 전체 문장을 써 보세요.

초777_0_6_s3

1 We is a teacher. ⇨ She

She is a teacher.

그녀는 선생님이다.

2 I are dogs. ⇨ ______________

그것들은 강아지들이다.

3 They is a cat. ⇨ ______________

그것은 고양이다.

4 It is a doctor. ⇨ ______________

그는 의사이다.

5 She are animals. ⇨ ______________

그것들은 동물들이다.

UNIT 06

UNIT 07

목적격 대명사

공부한 날 : 복습한 날 : 부모님 확인 :

초777_0_7

행동이나 표현의 대상을 '**목적어**'라고 합니다. 이때 목적어는 '~을', '~를'이라고 해석된답니다.
목적어를 대신해서 쓰는 대명사를 **목적격 대명사**라고 합니다.

목적어가 **나**일 때는 **me**, **우리**일 때는 **us**, **너/너희**일 때는 **you**라고 씁니다.

The dog likes me.
그 개는 나를 좋아해.

Our parents love us.
우리 부모님은 우리를 사랑하셔.

I love you.
나는 너를 사랑해.

목적어가 **그**일 때는 **him**, **그녀**일 때는 **her**, **그들**일 때는 **them**이라고 합니다.

She likes him.
그녀는 그를 좋아해.

He likes her.
그는 그녀를 좋아해.

We like them.
우리는 그들을 좋아해.

목적어가 사람이 아니라 **그것**일 때는 **it**, **그것들**일 때는 **them**이라고 한답니다.

I like ice cream. I like it very much.
나는 아이스크림을 좋아해. 나는 그것을 매우 좋아해.

I have puppies. I like them.
나는 강아지들이 있어. 나는 그것들을 좋아해.

연습문제

문제를 풀고 녹음 파일을 따라 읽고 연습하세요.
정답 및 해석 p. 101

Step 1 다음 중 밑줄 친 부분 대신 쓸 수 있는 단어를 고르세요.

초777_0_7_s1

1 I like <u>Seo-yeon</u>.

☑ her ☐ she

2 I have <u>a bike</u>.

☐ it ☐ they

3 I like <u>animals</u>.

☐ them ☐ they

4 I like <u>Sam</u>.

☐ it ☐ him

5 She loves <u>you and Min-ho</u>.

☐ me ☐ you

6 I have <u>books</u>.

☐ them ☐ us

UNIT 07

Step 2 우리말에 맞도록 괄호 안에서 알맞은 단어를 고르세요.

초777_0_7_s2

1 I like (you / she / him).

나는 **그를** 좋아한다.

2 I have a toy. I like (you / it / they).

나는 장난감이 있다. 나는 **그것을** 좋아한다.

3 We love (her / they / we).

우리는 **그녀를** 사랑한다.

4 I have two brothers.
(They / Them / Us) like swimming.

나는 남자 형제 둘이 있다. **그들은** 수영을 좋아한다.

5 Timmy has (I / it / them).

Timmy(티미)는 **그것들을** 가지고 있다.

6 Our parents love (we / us / he).

우리 부모님은 **우리를** 사랑하셔.

7 My dog likes (me / I / you).

나의 개는 **나를** 좋아한다.

8 Anne and Susie are my friends.
(They / Them / You) are kind.

Anne(앤)과 Susie(수지)는 나의 친구들이다. **그들은** 친절하다.

Step 3 우리말에 맞도록 밑줄 친 부분을 알맞게 고치고, 전체 문장을 써 보세요.

초777_0_7_s3

1 I eat <u>they</u>. ⇨ them

I eat them.

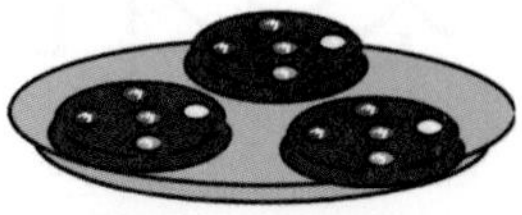

나는 **그것들을** 먹는다.

2 They love <u>she</u>. ⇨ ________

그들은 **그녀를** 사랑한다.

3 My dog likes <u>I</u>. ⇨ ________

나의 강아지는 **나를** 좋아한다.

4 Our parents love <u>we</u>. ⇨ ________

우리 부모님은 **우리를** 사랑하신다.

5 I like <u>he</u>. ⇨ ________

나는 **그를** 좋아한다.

UNIT 08

소유격 대명사

공부한 날 : 복습한 날 : 부모님 확인 :

초777_0_8

소유는 무언가를 가지고 있는 것을 뜻합니다.

소유한 것에 대해 말하고 싶을 때, '~의'라는 뜻의 소유격을 사용합니다.

my 나의

our 우리의

your 너의

your 너희들의

his 그의

her 그녀의

its 그것의

their 그들의

앞에서 배운 것들과 비교하면서 정리해 볼까요?

구분		주격	소유격	목적격
단수	1인칭	**I** 나는	**my** 나의	**me** 나를
	2인칭	**You** 너는	**your** 너의	**you** 너를
	3인칭	**He** 그는	**his** 그의	**him** 그를
		She 그녀는	**her** 그녀의	**her** 그녀를
		It 그것은	**its** 그것의	**it** 그것을
복수	1인칭	**We** 우리는	**our** 우리의	**us** 우리를
	2인칭	**You** 너희들은	**your** 너희들의	**you** 너희들을
	3인칭	**They** 그(것)들은	**their** 그(것)들의	**them** 그(것)들을

연습문제

문제를 풀고 녹음 파일을 따라 읽고 연습하세요.
정답 및 해석 p. 101

Step 1 밑줄 친 부분의 알맞은 뜻을 고르세요.

초777_0_8_s1

1 her boots

(그들의 / 그녀의) 부츠

2 your cap

(너의 / 우리의) 모자

3 his skateboard

(그녀의 / 그의) 스케이트보드

4 our classroom

(우리의 / 그들의) 교실

5 my gift

(나의 / 너의) 선물

6 their mother

(그의 / 그들의) 엄마

UNIT 08

Step 2 다음 중 알맞은 형태를 고르세요.

초777_0_8_s2

1

That is (he / his) book.
저것은 그의 책이다.

2

(She / Her) dog is cute.
그녀의 개는 귀엽다.

3

(It / Its) tail is long.
그것의 꼬리는 길다.

4

(Your / You) brother is tall.
너의 형은 키가 크다.

5

(Me / My) hair is long.
내 머리는 길다.

6

This is (our / us) school.
이곳은 우리의 학교이다.

7

This is (his / him) guitar.
이것은 그의 기타이다.

8

(They / Their) grandpa is kind.
그들의 할아버지는 친절하시다.

Step 3 주어진 단어를 소유격을 이용한 표현으로 바꿔서 써 보고, 징검다리를 건너 보세요.

초777_0_8_s3

Start

1 
we / teacher
➡ our teacher

2 
he / bike
➡

3 
they / house
➡

4 
she / car
➡

5 
I / cup
➡

6 
you / hat
➡

7 
it / tail
➡

Finish

UNIT 08

UNIT 09

공부한 날 : 복습한 날 : 부모님 확인 :

지시대명사

초777_0_9

앞에서 배운 인칭대명사는 사람이나 물건의 이름 대신 쓸 수 있는 말입니다. 그럼, '지시대명사'란 무엇일까요? 바로 가까이 있거나 멀리 떨어져 있는 사람 혹은 물건을 가리키는 대명사를 지시대명사라고 합니다.

가까이 있는 **'이것/이 사람'**은 **this**라고 합니다.

멀리 있는 **'저것/저 사람'**은 **that**이라고 씁니다.

영어의 명사에는 단수형(한 개, 한 사람)과 복수형(여러 개, 여러 사람)이 있습니다.
지시대명사도 마찬가지입니다. 여러 개, 여러 사람을 가리킬 때는 대명사의 모양이 달라집니다.
즉, this 대신에 **these**(이것들, 이 사람들), that 대신에 **those**(저것들, 저 사람들)를 씁니다.

여기서 잠깐! 중요한 규칙이 있습니다.
This/That 뒤에는 be동사 is를, These/Those 뒤에는 be동사 are를 쓴다는 것입니다.
이 be동사의 변화는 나중에 더 자세히 알아보겠습니다.

'그것'은 대명사 it으로 나타냅니다. 이 it은 대화 중에 앞에서 나온 말을 가리키기도 합니다.
그럼 '그것들, 그 사람들'은 어떻게 표현할까요? 인칭대명사에서 배운 they를 쓰면 된답니다.

연습문제

문제를 풀고 녹음 파일을 따라 읽고 연습하세요.
정답 및 해석 p. 102

UNIT 09

Step 1 괄호 안의 뜻에 맞는 단어를 [보기]에서 골라 빈칸에 쓰세요.

초777_0_9_s1

[보기] **This** **That** **These** **Those**

1 These are your cookies. (이것들)

2 ________ is his dad. (저 사람)

3 ________ are my friends. (저 사람들)

4 ________ is your room. (이것)

5 ________ is her dress. (저것)

Step 2 다음 중 우리말 뜻에 알맞은 표현을 고르세요.

초777_0_9_s2

1

(This / That) is a firefighter.
이 사람은 소방관이다.

2

(These / Those) are your shoes.
이것들은 너의 신발이다.

3

(This / That) is my mother.
저 사람은 나의 엄마이다.

4

(Those / These) are my dogs.
저것들은 나의 개들이다.

5

(These / Those) are my friends.
이 사람들은 내 친구들이다.

6

(This / That) is a police officer.
저 사람은 경찰관이다.

7

(That / This) is his bag.
이것은 그의 가방이다.

8

(Those / These) are my students.
저 사람들은 나의 학생들이다.

Step 3 우리말에 맞도록 밑줄 친 부분을 알맞게 고치고, 전체 문장을 써 보세요.

초777_0_9_s3

1 <u>Those</u> are dolphins. ⇨ These

These are dolphins.

이것들은 돌고래들이다.

2 <u>That</u> is an umbrella. ⇨ ______________

이것은 우산이다.

3 <u>These</u> are girls. ⇨ ______________

저 사람들은 여자아이들이다.

4 <u>This</u> is my grandma. ⇨ ______________

저 사람은 나의 할머니다.

5 <u>These</u> are cars. ⇨ ______________

저것들은 차들이다.

UNIT 09

UNIT 05~09

REVIEW TEST

공부한 날 : 복습한 날 : 부모님 확인 :

UNIT 05 주격 대명사 I, We, You **UNIT 06** 주격 대명사 He, She, They, It **UNIT 07** 목적격 대명사 **UNIT 08** 소유격 대명사 **UNIT 09** 지시대명사

[1~3] 그림을 나타내는 알맞은 단어를 고르세요.

1

☐ It ☐ They ☐ She

2

☐ He ☐ They ☐ We

3

☐ They ☐ It ☐ She

[4~7] 그림을 보고 알맞은 것에 연결하여 문장을 완성해보세요.

4  • • They • • is angry.

5  • • It • • are cherries.

6  • • He • • is shy.

7  • • She • • is a boat.

[8~9] 우리말에 맞도록 알맞은 단어를 써보세요.

8

H________ likes h________.

그는 그녀를 좋아한다.

9

W________ like t________.

우리는 그들을 좋아한다.

[10~13] 우리말에 맞도록 밑줄 친 부분을 알맞게 고치세요.

10 My friends like <u>I</u>.

⇨ ______________________

나의 친구들은 나를 좋아한다.

11 This is <u>him</u> bag.

⇨ ______________________

이것은 그의 가방이야.

12 She has <u>they</u>.

⇨ ______________________

그녀는 그것들을 가지고 있다.

13 Our parents love <u>we</u>.

⇨ ______________________

우리 부모님은 우리를 사랑하셔.

[14~15] 다음 중 밑줄 친 부분 대신 쓸 수 있는 단어를 고르세요.

14

I like <u>fruits</u>.
나는 과일을 좋아해.

☐ them ☐ they

15

<u>Friends</u> are watching a movie.
친구들이 영화를 보고 있어.

☐ He ☐ They

[16~17] 우리말에 맞도록 알맞은 단어를 고르세요.

16

He is (our / my) friend.
그는 우리의 친구이다.

17

The dog likes (her / she).
그 개는 그녀를 좋아해.

[18~20] 그림을 보고 알맞은 표현을 고르세요.

18

(That / This) is the sun.
저것은 태양이다.

19

(Those / These) are vegetables.
이것들은 채소들이다.

20

(This / That) is my bicycle.
이것은 나의 자전거이다.

UNIT 05~09 리뷰테스트

UNIT 10

공부한 날 : 복습한 날 : 부모님 확인 :

be동사 '(~이)다'

초777_0_10

'나는 행복하다.'는 영어로 'I am happy.' 입니다.
여기서 am의 정체는 무엇일까요?
바로 'be동사'입니다. **be동사**는 우리말로 '**~(이)다**'라는 뜻입니다.
be동사 바로 앞에 오는 문장의 주어에 따라 be동사를 다르게 씁니다.
주어가 단수이면 be동사는 **is**, **복수**이면 be동사는 **are**를 씁니다.

주어가 달라질 때, **be동사**는 어떻게 변화할까요?

be동사의 뒤에는 명사나 형용사가 올 수 있습니다.
형용사는 아래의 strong(힘이 센), hungry(배고픈)와 같이 상태나 성질을 나타내는 말입니다.

대명사인 주어와 be동사는 줄여 쓸 수 있습니다.

I am ...	You are ...	She is ...	He is ...	It is ...	We are ...	They are ...
⬇	⬇	⬇	⬇	⬇	⬇	⬇
I'm ...	You're ...	She's ...	He's ...	It's ...	We're ...	They're ...

연습문제

문제를 풀고 녹음 파일을 따라 읽고 연습하세요.
정답 및 해석 p. 102

Step 1 괄호 안에서 알맞은 be동사를 고르세요.

초777_0_10_s1

1 She (am / is) happy. 그녀는 행복하다.

2 I (are / am) tall. 나는 키가 크다.

3 They (is / are) hungry. 그들은 배가 고프다.

4 He (is / are) a police officer. 그는 경찰관이다.

5 It (is / are) an ant. 그것은 개미이다.

6 You (is / are) cute. 너희들은 귀엽다.

Step 2 빈칸에 알맞은 be동사를 써 보세요.

초777_0_10_s2

1

He __is__ angry.

그는 화 났다.

2

They ________ trees.

그것들은 나무들이다.

3

We ________ twins.

우리는 쌍둥이다.

4

He ________ sad.

그는 슬프다.

5

I ________ sick.

나는 아프다.

6

You ________ an artist.

너는 예술가이다.

Step 3 우리말에 맞도록 동그라미 안에는 알맞은 주어를, 네모 안에는 알맞은 be동사(am, are, is)를 써 보세요.

초777_0_10_s3

1 나는 여자아이다.

(I) [am] a girl.

2 그는 소방관이다.

(   ) [   ] a firefighter.

3 그것은 느리다.

(   ) [   ] slow.

4 그것들은 꽃들이다.

(   ) [   ] flowers.

5 너는 똑똑하다.

(   ) [   ] smart.

6 그녀는 배부르다.

(   ) [   ] full.

UNIT 11

공부한 날 :　　　　복습한 날 :　　　　부모님 확인 :

be동사 '(~에) 있다'

초777_0_11

be동사 다음에 장소를 나타내는 말이 오면, '(~에) 있다'라는 뜻으로 쓸 수 있습니다.

I am in my room.
나는 내 방 안에 있다.

They are at the party.
그들은 파티에 있다.

Your book is on the table.
너의 책은 탁자 위에 있다.

장소를 나타내는 말 앞에는 in, at, on을 씁니다.

in '~ 안에'

A teddy bear is in the box.
곰인형이 상자 안에 있다.

at '~에'

A teddy bear is at the bus stop.
곰인형이 버스정류장에 있다.

on '~ 위에'

A teddy bear is on the bed.
곰인형이 침대 위에 있다.

연습문제

문제를 풀고 녹음 파일을 따라 읽고 연습하세요.
정답 및 해석 p. 103

UNIT 11

Step 1 밑줄 친 be동사의 알맞은 뜻을 고르세요.

초777_0_11_s1

1 We are in the classroom. (이다 / 있다)

2 He is a dancer. (이다 / 있다)

3 I am at the train station. (이다 / 있다)

4 A computer is on the desk. (이다 / 있다)

5 They are students. (이다 / 있다)

6 She is at school. (이다 / 있다)

7 They are in the garden. (이다 / 있다)

8 You are a pianist. (이다 / 있다)

Step 2 다음 문장에 알맞은 그림을 고르세요.

초777_0_11_s2

1 The bird is on the roof.

① 

✓② 

③ 

2 The cookies are in the oven.

① 

② 

③ 

3 The children are at the playground.

① 

② 

③ 

4 The puppy is on the floor.

① 

② 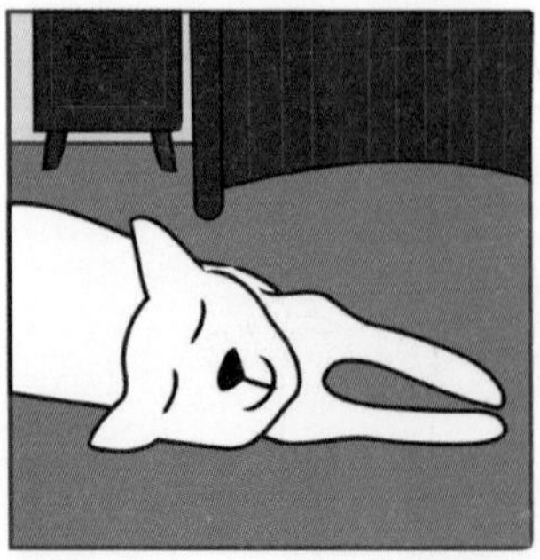

③ 

Step 3 그림과 어울리는 영어 문장을 서로 이어보세요.

초777_0_11_s3

1 

2 

3 

4 

5 

- He is in the kitchen.
- The monkeys are in the tree.
- She is at the beach.
- The cushions are on the sofa.
- Elephants are in the zoo.

UNIT 12

공부한 날 : 복습한 날 : 부모님 확인 :

be동사의 부정문

초777_0_12

'나는 행복해.'라는 뜻의 'I am happy.'는 '~하다', '~이다'라는 의미의 긍정문입니다.
'~하지 않다', '~(가) 아니다'라는 뜻을 가진 문장은 부정문이라고 합니다.
'나는 행복하지 않아.'라는 부정문을 만들려면 어떻게 해야 할까요?
바로, 부정의 의미를 가진 **not**을 이용하면 됩니다.

이렇게 문장에 **not**을 넣어 주면 '~(가) 아니다'라는 부정문이 됩니다.

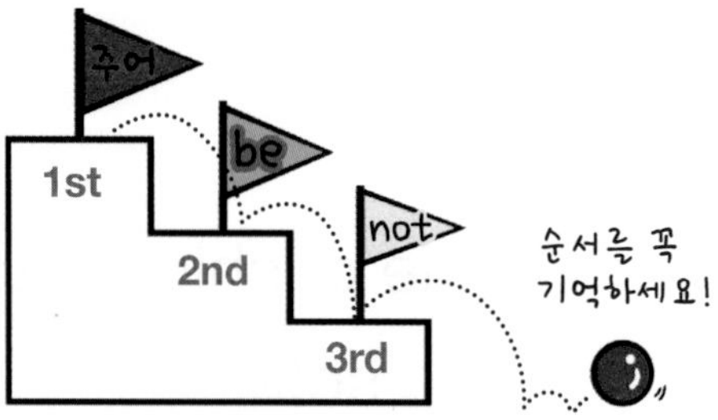

여기서 잠깐!
이 **not**은 문장의 아무 데나 넣어 주면 되는 걸까요?
아닙니다. **not은 반드시 be동사 '뒤'**에 있어야 한다는 것, 잊지 마세요!

앞에서 대명사 주어와 **be**동사가 붙어 있으면 줄여 쓸 수 있다고 배웠습니다.
그런데 영어에서는 **be**동사와 **not**도 다음과 같은 두 가지 방법으로 줄여 쓸 수 있습니다.

I am not → I'm not

he · she · it is not → he · she · it's not / he · she · it isn't

we · you · they are not → we · you · they're not / we · you · they aren't

연습문제

문제를 풀고 녹음 파일을 따라 읽고 연습하세요.
정답 및 해석 p. 103

Step 1 그림을 보고 알맞은 표현을 고르세요.

초777_0_12_s1

1

We (are / are not) friends.
우리는 친구들이다.

2

The book (is / is not) red.
그 책은 빨간색이 아니다.

3

I (am / am not) happy.
나는 행복하지 않다.

4

She (is / is not) a princess.
그녀는 공주이다.

Step 2 be동사의 부정형을 바르게 표현한 것을 고르세요.

초777_0_12_s2

1. I (not am / am not) sleepy. 나는 졸리지 않다.
2. She (is not / not is) hungry. 그녀는 배고프지 않다.
3. They (not are / are not) tall. 그들은 키가 크지 않다.
4. You (are not / not are) a doctor. 너는 의사가 아니다.
5. He (not is / is not) a singer. 그는 가수가 아니다.
6. It (not is / is not) a cat. 그것은 고양이가 아니다.

Step 3 다음 밑줄 친 부분을 줄여 써보세요.

초777_0_12_s3

1. She **is not** my aunt. ⇨ isn't
   그녀는 내 이모가 아니다.
2. **I am not** angry. ⇨ ______
   나는 화나지 않았다.
3. They **are not** my dogs. ⇨ ______
   그것들은 내 강아지들이 아니다.
4. The bird **is not** yellow. ⇨ ______
   그 새는 노란색이 아니다.
5. We **are not** sad. ⇨ ______
   우리는 슬프지 않다.

Step 4 우리말에 맞도록 퍼즐의 순서를 알맞게 맞추어 문장을 완성해 보세요.

초777_0_12_s4

1 우리는 10살이다.

③ 10 years old.	① We	② are

2 나는 집에 있지 않다.

○ not	○ I'm	○ at home.

3 그녀는 아기가 아니다.

○ isn't	○ a baby.	○ She

4 그들은 행복하다.

○ They	○ happy.	○ are

5 그것은 상자 안에 있다.

○ is	○ in the box.	○ It

UNIT 12

공부한 날 : 복습한 날 : 부모님 확인 :

UNIT 13

be동사로 묻고 답하기

초777_0_13

"너는 배가 고프니?"처럼 무엇인가를 물어보는 문장을 의문문이라고 합니다.
그럼, 앞에서 배운 be동사가 들어간 문장의 의문문은 어떻게 만들까요?
문장의 주어와 be동사의 순서를 바꾸기만 하면 된답니다.

You(주어) **are**(be동사) **hungry.**

의문문 **Are**(be동사) **you**(주어) **hungry?**

너는 배가 고프니?

여기서 잠깐!
의문문의 끝에는 마침표(.) 대신
물음표(?)를 꼭! 써 줘야 합니다.

주어에 따라 be동사의 모양이 am, are, is 중 하나로 결정된다는 것, 기억하나요?

일반 문장의 주어와 be동사의 순서

I	am	~.
You	are	
They		
We		
He	is	
She		
It		
This		

의문문의 주어와 be동사의 순서

Am	I	~?
Are	you	
	they	
	we	
Is	he	
	she	
	it	
	this	

이렇게 주어에 따라 다르게 쓰인 be동사를 주어 앞으로 보내면 의문문이 완성됩니다.
이때, 첫 알파벳은 대문자로 써야 합니다!

be동사 의문문에 대한 대답을 어떻게 쓸까요?
be동사로 물어본 의문문은 반드시
Yes 또는 No를 써서 대답해야 합니다.

그리고 Yes나 No 뒤에는 굳이 앞에 말한 내용을
반복하지 않고 「주어 + be동사」,
또는 「주어 + be동사 + not」까지만 쓴다는 것,
꼭 알아둡시다.

연습문제

문제를 풀고 녹음 파일을 따라 읽고 연습하세요.
정답 및 해석 p. 103

Step 1 우리말에 맞도록 퍼즐의 순서를 알맞게 맞추어 문장을 완성해 보세요.

초777_0_13_s1

1 그것들은 사과니?

(1) Are　(3) apples?　(2) they

2 그는 의사니?

( ) he　( ) a doctor?　( ) Is

3 그녀는 아프니?

( ) she　( ) Is　( ) sick?

4 그것은 빨간색이니?

( ) red?　( ) it　( ) Is

5 너는 학생이니?

( ) you　( ) Are　( ) a student?

Step 2 주어진 문장을 우리말에 맞도록 의문문으로 바꿔보세요.

초777_0_13_s2

1 She is a painter.

Is she a painter?

그녀는 화가니?

2 They are happy.

그들은 행복하니?

3 It is yellow.

그것은 노란색이니?

4 They are shoes.

그것들은 신발이니?

5 He is a police officer.

그는 경찰관이니?

Step 3 빈칸에 들어갈 알맞은 말을 쓰세요.

초777_0_13_s3

1 **A:** Are you tired?

B: Yes, ___I___ ___am___.

2 **A:** Is she a nurse?

B: ________, she isn't.

3 **A:** Are they cooks?

B: No, ________ ________.

4 **A:** Am I cute?

B: Yes, ________ ________.

5 **A:** Is it a chair?

B: No, ________ ________.

6 **A:** Are you busy?

B: ________, we aren't.

7 **A:** Are they old?

B: Yes, ________ ________.

8 **A:** Is he a singer?

B: ________, he is.

UNIT 14

일반동사

공부한 날 : 복습한 날 : 부모님 확인 :

초777_0_14

영어의 동사에는 앞에서 배운 be동사 외에 일반동사가 있습니다. 일반동사는 먹다, 달리다, 읽다와 같은 동작뿐만 아니라, 좋아하다, 믿다와 같은 감정이나 생각까지 나타낼 수 있습니다.

go 가다

I go to school.
나는 학교에 간다.

eat 먹다

You eat an apple.
너는 사과를 먹는다.

read 읽다

They read books.
그들은 책을 읽는다.

like 좋아하다

I like cats.
나는 고양이를 좋아한다.

주어가 I / You / They일 때는 일반동사의 모양이 변하지 않습니다.
하지만 주어가 He / She / It (3인칭 단수)일 때는 동사 끝에 주로 -s를 붙입니다.

I run.
나는 달린다.

You play the piano.
너는 피아노를 친다.

They drink water.
그들은 물을 마신다.

He runs.
그는 달린다.

She plays the piano.
그녀는 피아노를 친다.

The dog drinks water.
개가 물을 마신다.

단어에 따라서 -es를 붙이기도 합니다.

'가지고 있다'라는 뜻의 동사 have는 He / She / It (3인칭 단수)등과 함께 쓰일 때, has라고 씁니다.

연습문제

문제를 풀고 녹음 파일을 따라 읽고 연습하세요.
정답 및 해석 p. 104

Step 1 괄호 안의 단어 중 맞는 것을 고르세요.

초777_0_14_s1

1. They (play / plays) soccer. 그들은 축구를 한다.
2. He (drink / drinks) milk. 그는 우유를 마신다.
3. He (cut / cuts) paper. 그는 종이를 자른다.
4. I (drive / drives) a car. 나는 차를 운전한다.
5. She (hate / hates) onions. 그녀는 양파를 싫어한다.
6. We (wash / washes) dishes. 우리는 설거지를 한다.

Step 2 다음에서 알맞은 단어를 골라 문장을 완성해 보세요.

초777_0_14_s2

go 가다	wear 입다	have 가지고 있다
ride 타다	like 좋아하다	sing 노래하다

1. He rides a bicycle. 그는 자전거를 탄다.
2. I ______ a song. 나는 노래를 부른다.
3. They ______ to school. 그들은 학교에 간다.
4. John ______ hamburgers. John(존)은 햄버거를 좋아한다.
5. We ______ skirts. 우리는 치마를 입는다.
6. Cassie ______ a flower. Cassie(캐시)는 꽃을 가지고 있다.

Step 3 주어진 단어를 알맞게 바꾸어 빈칸에 써 보세요.

1 speak 말하다

She speaks English.

2 watch 보다

They ______ TV.

3 fix 고치다

My brother ______ his robot.

4 hit 치다

Peter ______ the ball.

5 eat 먹다

The cat ______ a fish.

6 make 만들다

Jane ______ cookies.

7 drink 마시다

They ______ water.

8 read 읽다

Ben ______ a book.

UNIT 15

공부한 날 :　　　　복습한 날 :　　　　부모님 확인 :

일반동사의 부정문

초777_0_15

be동사의 부정문을 만들 때는 be동사의 '뒤'에 not이 온다고 배웠죠?
그렇다면 일반동사를 사용한 문장의 부정문은 어떻게 만들까요?

He is not happy.
그는 행복하지 않다.

바로 일반동사 '앞'에 do not을 넣으면 됩니다.

I drink milk.
나는 우유를 마신다.

I do not drink milk.
나는 우유를 마시지 않는다.

They play soccer.
그들은 축구를 한다.

They do not play soccer.
그들은 축구를 하지 않는다.

하지만 주어가 I, You, 복수형을 제외한 3인칭 단수일 때는
do not 대신 does not을 씁니다.
꼭 기억해야 할 중요한 사실 한 가지!
이렇게 does not을 쓰게 되면 3인칭 단수 주어의 일반동사에
붙어 있던 -s가 사라지고 동사원형이 온다는 겁니다.
does가 앞에 들어가면서 3인칭 단수를 나타내는
-es를 써 줬기 때문입니다.
영어는 반복을 싫어한다는 것, 알고 있죠?

She likes apples.
그녀는 사과를 좋아한다.

She does not likes apples.
그녀는 사과를 좋아하지 않는다.

일반동사 부정문 만들기 정리!

do/does + not + 동사원형

「be동사 + not」처럼 do not과 does not도
줄여서 쓸 수 있습니다.

do not → don't
does not → doesn't

연습문제

문제를 풀고 녹음 파일을 따라 읽고 연습하세요.
정답 및 해석 p. 104

Step 1 괄호 안에서 알맞은 것을 고르세요.

초777_0_15_s1

1 I (do not / does not) like vegetables.

나는 야채를 좋아하지 않는다.

2 She (do not / does not) buy a doll.

그녀는 인형을 사지 않는다.

3 We (do not / does not) go to school on Sundays.

우리는 일요일에 학교에 가지 않는다.

4 Jim does not (drink / drinks) coffee.

Jim(짐)은 커피를 마시지 않는다.

5 Alice (do not / does not) eat carrots.

Alice(앨리스)는 당근을 먹지 않는다.

6 They (do not / does not) shake hands.

그들은 악수를 하지 않는다.

7 He (do not / does not) ride a bike.

그는 자전거를 타지 않는다.

8 Amy does not (drive / drives) a car.

Amy(에이미)는 차를 운전하지 않는다.

Step 2 밑줄 친 부분을 바르게 고쳐 쓰세요.

초777_0_15_s2

1. I **does not** play soccer. ⇨ do not

2. James does not **reads** a book. ⇨ ________

3. John **do not** drink orange juice. ⇨ ________ ________

4. They **doesn't** listen to music. ⇨ ________

5. Emily **do not** eat meat. ⇨ ________ ________

6. The lion **don't** run. ⇨ ________

7. He **do not** study Korean. ⇨ ________ ________

8. I do not **likes** tomatoes. ⇨ ________

9. Tim does not **has** gloves. ⇨ ________

10. We **does not** live in Seoul. ⇨ ________ ________

Step 3 그림을 보고 영호와 민지가 좋아하는 것과 싫어하는 것을 각각 찾아서 써 보세요. (동사 자리에는 like를 알맞게 바꿔서 쓰세요.)

초777_0_15_s3

영호

1

He likes cats. 그는 고양이를 좋아한다.

He ________ ________. 그는 게임을 좋아한다.

2

He ________ ________ ________.

그는 양파를 좋아하지 않는다.

He ________ ________ ________.

그는 책을 좋아하지 않는다.

민지

3

She ________ ________. 그녀는 가수들을 좋아한다.

She ________ ________. 그녀는 바이올린을 좋아한다.

4

She ________ ________ ________ ________.

그녀는 매운 음식을 좋아하지 않는다.

She ________ ________ ________.

그녀는 병원을 좋아하지 않는다.

UNIT 10~15

REVIEW TEST

공부한 날 : 복습한 날 : 부모님 확인 :

UNIT 10 be동사 '(~이)다' UNIT 11 be동사 '(~에) 있다' UNIT 12 be동사의 부정문 UNIT 13 be동사로 묻고 답하기 UNIT 14 일반동사 UNIT 15 일반동사의 부정문

[1~3] 괄호 안에서 알맞은 것을 고르세요.

1

This (are / is) an elephant.
이것은 코끼리다.

2

I (am / is) a painter.
나는 화가이다.

3

They (play / plays) soccer.
그들은 축구를 한다.

[4~7] 밑줄 친 be동사의 알맞은 뜻을 고르세요.

4 They are doctors. (이다 / 있다)

5 He is at home. (이다 / 있다)

6 He is a student. (이다 / 있다)

7 We are in the classroom. (이다 / 있다)

[8~10] 우리말 뜻과 같도록 주어진 표현을 바르게 배열하여 문장을 쓰세요.

8 그것은 파란색이니?

blue? | Is | it

⇨ ______________________

9 너는 배고프니?

Are | hungry? | you

⇨ ______________________

10 이것이 너의 장난감이니?

this | your toy? | Is

⇨ ______________________

[11~13] 그림에 알맞은 동사를 이어 보세요.

11  • • drink

12  • • run

13  • • dance

[14~17] 다음 밑줄 친 부분을 줄여 써 보세요.

14 Those <u>are not</u> my books.

⇨ ______________________

저것들은 나의 책들이 아니다.

15 <u>I am</u> not angry.

⇨ ______________________

나는 화나지 않았다.

16 The turtle <u>is not</u> fast.

⇨ ______________________

거북이는 빠르지 않다.

17 She <u>does not</u> play the piano.

⇨ ______________________

그녀는 피아노를 치지 않는다.

[18~20] 다음에서 알맞은 단어를 골라 문장을 완성해 보세요.

wash 씻다	eat 먹다	like 좋아하다

18

He ______________ rice.

그는 밥을 먹는다.

19

He ______________ the dishes.

그는 그릇을 씻는다.

20

I ______________

______________ broccoli.

나는 브로콜리를 좋아하지 않는다.

공부한 날 :　　부모님 확인 :

단어 듣고 따라 쓰기 연습 1

초777_0_w1

들려주는 단어를 잘 듣고, 두 번씩 써 보세요.

1  **zoo** 동물원

zoo

2  **tree** 나무

3  **ant** 개미

4 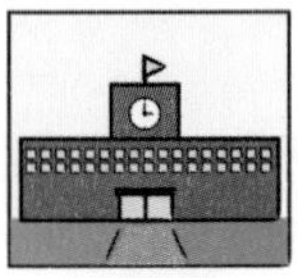 **school** 학교

5  **bird** 새

6  **bee** 벌

7  **playground** 놀이터

8  **bag** 가방

9  **guitar** (악기) 기타

10  **painter** 화가

공부한 날 :

부모님 확인 :

단어 듣고 따라 쓰기 연습 2

초777_0_w2

들려주는 단어를 잘 듣고, 두 번씩 써 보세요.

1

banana
바나나

banana

2

elephant
코끼리

3

clock
시계

4

airplane
비행기

5

turtle
거북이

6
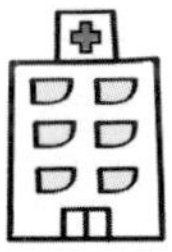
hospital
병원

7

cookie
쿠키

8

ruler
자

9

ear
귀

10

spoon
숟가락

 공부한 날 : 부모님 확인 :

단어 듣고 따라 쓰기 연습 3

초777_0_w3

들려주는 단어를 잘 듣고, 두 번씩 써 보세요.

1 
watch 손목시계 watch

2 
city 도시

3 
bus 버스

4 
fish 물고기

5 
child 어린이, 아이

6 
mouse 쥐

7 
door 문

8 
potato 감자

9 
candy 사탕

10 
tomato 토마토

UNIT 04 셀 수 없는 명사 공부한 날 : 부모님 확인 :

단어 듣고 따라 쓰기 연습 4

초777_0_w4

들려주는 단어를 잘 듣고, 두 번씩 써 보세요.

1 
Korea
한국
Korea

2 

class
반

3 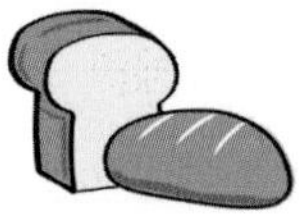
bread
빵

4 
rice
쌀, 밥

5 
water
물

6 
friendship
우정

7 
beauty
아름다움

8 
rain
비

9 
Paris
파리

10 
peace
평화

단어 듣고 따라 쓰기 연습

단어 듣고 따라 쓰기 연습 5

초777_0_w5

들려주는 단어를 잘 듣고, 두 번씩 써 보세요.

1

teacher
선생님

teacher

2

soccer player
축구 선수

3

scientist
과학자

4

farmer
농부

5

dance
춤추다

6

police officer
경찰관

7

hungry
배고픈

8

friend
친구

9

firefighter
소방관

10

sister
언니, 누나, 여동생

공부한 날 :　　　　부모님 확인 :

초777_0_w6

단어 듣고 따라 쓰기 연습 6

들려주는 단어를 잘 듣고, 두 번씩 써 보세요.

1

he
그
he

2

she
그녀

3

they
그들 (그것들)

4

it
그것

5

fast
빠른

6

dolphin
돌고래

7

doctor
의사

8

ring
반지

9

slow
느린

10

animal
동물

공부한 날 : 부모님 확인 :

단어 듣고 따라 쓰기 연습 7

초777_0_w7

들려주는 단어를 잘 듣고, 두 번씩 써 보세요.

1 
parents
부모님

parents

2 
ice cream
아이스크림

3 
like
좋아하다

4 
dog
개

5 
bike
자전거

6 
brother
오빠, 형, 남동생

7 
swim
수영하다

8 
kind
친절한

9 
toy
장난감

10 
book
책

공부한 날 : 부모님 확인 :

단어 듣고 따라 쓰기 연습 8

초777_0_w8

들려주는 단어를 잘 듣고, 두 번씩 써 보세요.

1 

home
집

home

2 

cap
모자

3 

boots
부츠, 장화

4 

long
긴

5 

party
파티

6 

classroom
교실

7 

gift
선물

8 

tail
꼬리

9 

mom
엄마

10 

family
가족

공부한 날 : 부모님 확인 :

단어 듣고 따라 쓰기 연습 9

초777_0_w9

들려주는 단어를 잘 듣고, 두 번씩 써 보세요.

1

this
이것

this

2

that
저것

3

these
이것들

4

those
저것들

5

room
방

6

dad
아빠

7

grandma
할머니

8

car
차

9

cup
컵

10

umbrella
우산

공부한 날 :　　　　부모님 확인 :

단어 듣고 따라 쓰기 연습 10

초777_0_w10

들려주는 단어를 잘 듣고, 두 번씩 써 보세요.

1 
girl
여자아이

girl

2 
twin
쌍둥이

3 
angry
화가 난

4 
artist
예술가

5 
full
배부른

6 
strong
힘 센

7 
student
학생

8 
flower
꽃

9 
smart
똑똑한

10 
tall
키가 큰

공부한 날 : 부모님 확인 :

단어 듣고 따라 쓰기 연습 11

초777_0_w11

들려주는 단어를 잘 듣고, 두 번씩 써 보세요.

1
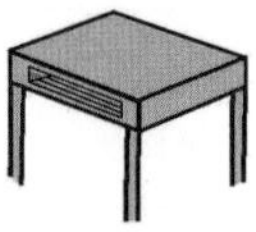
table
탁자
table

2

teddy bear
곰 인형

3

box
상자

4

bus stop
버스 정류장

5

bed
침대

6

train station
기차역

7

computer
컴퓨터

8

roof
지붕

9

beach
해변

10

sofa
소파

공부한 날 : 부모님 확인 :

단어 듣고 따라 쓰기 연습 12

초777_0_w12

들려주는 단어를 잘 듣고, 두 번씩 써 보세요.

1 

yellow
노란색의

yellow

2 

rabbit
토끼

3 

baby
아기

4 

sleepy
졸린

5 

red
빨간색의

6 

happy
행복한

7 

sad
슬픈

8 

princess
공주

9 

cat
고양이

10 

aunt
이모, 고모

공부한 날 :　　　　부모님 확인 :

단어 듣고 따라 쓰기 연습 13

초777_0_w13

들려주는 단어를 잘 듣고, 두 번씩 써 보세요.

1

apple
사과
apple

2

singer
가수

3

nurse
간호사

4

old
나이 든

5

sick
아픈, 병든

6

shoes
신발

7

tired
피곤한

8

cook
요리사

9

chair
의자

10

busy
바쁜

공부한 날 :　　　　　부모님 확인 :

단어 듣고 따라 쓰기 연습 14

초777_0_w14

들려주는 단어를 잘 듣고, 두 번씩 써 보세요.

1 

read
읽다

read

2 

run
달리다

3 

piano
피아노

4 

homework
숙제

5 

drink
마시다

6 

wash
씻다

7 

eat
먹다

8 

sing
노래 부르다

9 

hamburger
햄버거

10 

wear
입다

공부한 날 : 부모님 확인 :

단어 듣고 따라 쓰기 연습 15

초777_0_w15

들려주는 단어를 잘 듣고, 두 번씩 써 보세요.

1 
vegetable
야채
vegetable

2 
drive
운전하다

3 
ride
타다

4 
orange juice
오렌지 주스

5 
music
음악

6 
study
공부하다

7 
listen
듣다

8 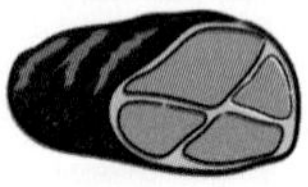
meat
고기

9 
Seoul
서울

10 
spicy
매운

공부한 날 :　　　　부모님 확인 :

단어 철자 맞추기 게임 1

주어진 철자의 순서를 바르게 맞추어 다음 우리말 뜻에 해당하는 단어를 써 보세요.

1

o z o
동물원

2

s o l c h o
학교

3

n r t p e a i
화가

4

e r e t
나무

5

d n y a g r o p l u
놀이터

6

b g a
가방

7

i r b d
새

8

i r u t a g
(악기) 기타

9

n a t
개미

10

e b e
벌

단어 철자 맞추기 게임 2

주어진 철자의 순서를 바르게 맞추어 다음 우리말 뜻에 해당하는 단어를 써 보세요.

1 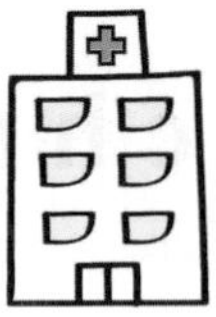

o s a h t i l p

병원

2 

i r n a a l e p

비행기

3 

a b a a n n

바나나

4 

o n s o p

숟가락

5 

r a e

귀

6 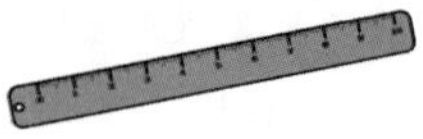

l u e r r

자

7 

t r e u l t

거북이

8 

e c k o o i

쿠키

9 

k c o l c

시계

10 

l e n e a h t p

코끼리

공부한 날 : 부모님 확인 :

단어 철자 맞추기 게임 3

주어진 철자의 순서를 바르게 맞추어 다음 우리말 뜻에 해당하는 단어를 써 보세요.

1 

c n y d a
사탕

2 

o u m e s
쥐

3 

h d i c l
어린이, 아이

4 

o o t t m a
토마토

5 

o r d o
문

6 

h f i s
물고기

7 

s b u
버스

8 

i y t c
도시

9 

w c a t h
손목시계

10 

p a o t o t
감자

단어 철자 맞추기 게임 4

주어진 철자의 순서를 바르게 맞추어 다음 우리말 뜻에 해당하는 단어를 써 보세요.

1

c a s s l

반

2

i c e r

쌀, 밥

3

r n i a

비

4

f i r i p d e h s n

우정

5

r o K a e

한국

6

r w t a e

물

7

e e a c p

평화

8

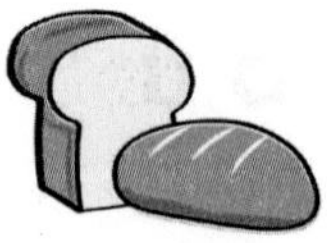

a e b d r

빵

9

a P s i r

파리

10

y t b u e a

아름다움

공부한 날 :　　　　　부모님 확인 :

단어 철자 맞추기 게임 5

주어진 철자의 순서를 바르게 맞추어 다음 우리말 뜻에 해당하는 단어를 써 보세요.

1 

r e i s t s
언니, 누나, 여동생

2 

f e i i r g h r f e t
소방관

3 

t e i t s c s i n
과학자

4 

e c a d n
춤추다

5 

d n f r e i
친구

6 

g u n y r h
배고픈

7 

m a r r e f
농부

8 

c r o s e c
p a r l e y
축구 선수

9 

o e p l i c
e c r i f f o
경찰관

10 

h e t a r c e
선생님

단어 철자 맞추기 게임 6

주어진 철자의 순서를 바르게 맞추어 다음 우리말 뜻에 해당하는 단어를 써 보세요.

1

l w o s
느린

2

t f s a
빠른

3

p n d o l i h
돌고래

4

o o c t d r
의사

5

t i
그것

6

i l a m n a
동물

7

h e s
그녀

8

e h
그

9

y e h t
그들 (그것들)

10

r g n i
반지

UNIT 07 목적격 대명사　　　　공부한 날 :　　　　부모님 확인 :

단어 철자 맞추기 게임 7

주어진 철자의 순서를 바르게 맞추어 다음 우리말 뜻에 해당하는 단어를 써 보세요.

1 

t s e r p n a
부모님

2 

o y t
장난감

3 

o g d
개

4 

e i b k
자전거

5 

c i e
r c a m e
아이스크림

6 

w m i s
수영하다

7 

d k n i
친절한

8 

k o b o
책

9 

k i l e
좋아하다

10 

b h e r t o r
오빠, 형, 남동생

공부한 날 : 부모님 확인 :

단어 철자 맞추기 게임 8

주어진 철자의 순서를 바르게 맞추어 다음 우리말 뜻에 해당하는 단어를 써 보세요.

1 

o m e h
집

2 

f m y a l i
가족

3 

o m m
엄마

4 

t g i f
선물

5 

o g n l
긴

6 

p c a
모자

7 

a l t i
꼬리

8 

s t o b o
부츠, 장화

9 

s m a c o r l s o
교실

10 

t r a p y
파티

단어 철자 맞추기 게임 9

주어진 철자의 순서를 바르게 맞추어 다음 우리말 뜻에 해당하는 단어를 써 보세요.

1 

e t h e s
이것들

2 

s o t h e
저것들

3 

n d a g r a m
할머니

4 

l e m u r b a l
우산

5 

r c a
차

6 

a d d
아빠

7 

h t t a
저것

8 

h i t s
이것

9 

o m o r
방

10 

c p u
컵

공부한 날 :　　　　부모님 확인 :

단어 철자 맞추기 게임 10

주어진 철자의 순서를 바르게 맞추어 다음 우리말 뜻에 해당하는 단어를 써 보세요.

1

i l g r

여자아이

2

l a t l

키가 큰

3

s t a r m

똑똑한

4

n i w t

쌍둥이

5

n g r a y

화가 난

6

w e l f o r

꽃

7

n e t d u t s

학생

8

i t t a r s

예술가

9

l u f l

배부른

10

n t r o s g

힘 센

공부한 날 :

부모님 확인 :

단어 철자 맞추기 게임 11

주어진 철자의 순서를 바르게 맞추어 다음 우리말 뜻에 해당하는 단어를 써 보세요.

1

n t a r i
t i s n a o t
기차역

2

o x b
상자

3
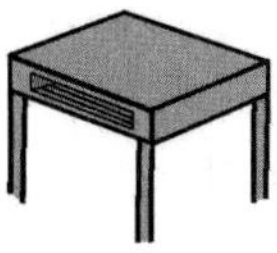

t e b a l
탁자

4

b a h c e
해변

5

o m e c t u r p
컴퓨터

6
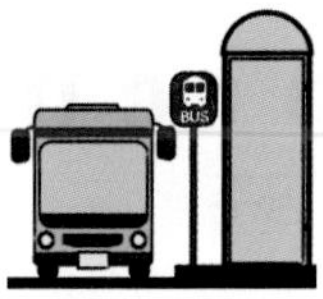

u b s
t p o s
버스 정류장

7

t y d d e
e b a r
곰 인형

8

a f o s
소파

9

o o f r
지붕

10

d b e
침대

단어 철자 맞추기 게임 12

주어진 철자의 순서를 바르게 맞추어 다음 우리말 뜻에 해당하는 단어를 써 보세요.

1 

w e l l y o
노란색의

2 

t c a
고양이

3 

d r e
빨간색의

4 

a b b y
아기

5 

s i e p r c n s
공주

6 

a s d
슬픈

7 

r a t b b i
토끼

8 

n a u t
이모, 고모

9 

p a p h y
행복한

10 

p e s l e y
졸린

단어 철자 맞추기 게임 13

주어진 철자의 순서를 바르게 맞추어 다음 우리말 뜻에 해당하는 단어를 써 보세요.

1

d l o
나이 든

2

c a r h i
의자

3

y s u b
바쁜

4

k c i s
아픈, 병든

5

o s h e s
신발

6

p p e a l
사과

7

e n g s r i
가수

8

d e i t r
피곤한

9

o k c o
요리사

10

e r s u n
간호사

단어 철자 맞추기 게임 14

주어진 철자의 순서를 바르게 맞추어 다음 우리말 뜻에 해당하는 단어를 써 보세요.

1 
m a h b g r u e r
햄버거

2 
o i p a n
피아노

3 
i n g s
노래 부르다

4 
n u r
달리다

5 
i d k r n
마시다

6 
a e t
먹다

7 
a d e r
읽다

8 
o w k r o m e h
숙제

9 
a w e r
입다

10 
h s w a
씻다

공부한 날 : 부모님 확인 :

단어 철자 맞추기 게임 15

주어진 철자의 순서를 바르게 맞추어 다음 우리말 뜻에 해당하는 단어를 써 보세요.

1

s u i c m
음악

2

S o l u e
서울

3

n i t l e s
듣다

4

v i d e r
운전하다

5

a t m e
고기

6

y d u s t
공부하다

7

e r i d
타다

8

t e b l e e g a v
야채

9

y s p i c
매운

10

a o n r e g
j i e u c
오렌지 주스

정답 및 해석 UNIT 01 ~ UNIT 15

UNIT 01 명사! 모든 것들의 이름 본문 p.03

Step 1

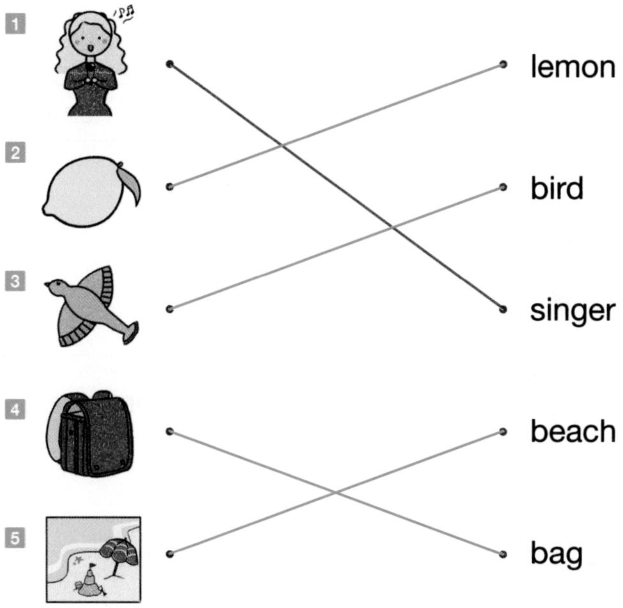

Step 2

People 사람 farmer, painter, firefighter	Things 사물 piano, guitar, apple, flower
Animals & Insects 동물과 곤충 lion, dog, bee	Places 장소 hospital, playground

Step 3

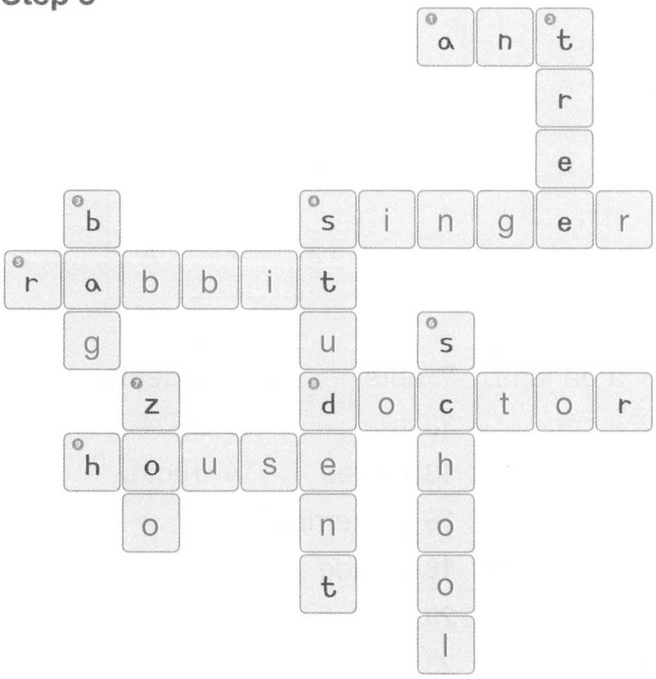

UNIT 02 강아지가 한 마리면 a dog, 여러 마리면 dogs 본문 p.07

Step 1

1 an 2 a 3 a 4 an
5 an 6 a 7 an 8 a

Step 2

1 trucks 2 a doctor 3 lions
4 a bed 5 cookies 6 a hospital
7 a spoon 8 an ear

Step 3

1 a ruler 2 gloves 3 boats
4 a cat 5 an elephant 6 a clock
7 a boy 8 cupcakes

UNIT 03 명사의 복수형 본문 p.11

Step 1

1 doors 2 potatoes 3 cherries
4 watches 5 eggs 6 feet
7 oranges 8 cities 9 sheep
10 leaves

Step 2

1 carrots 2 cherries 3 brushes
4 children 5 leaves 6 books
7 candies 8 mice

Step 3

1 cats　2 watches　3 babies
4 teeth　5 wolves　6 potatoes

H	A	S	W	V	A	J	P
U	B	A	B	I	E	S	O
W	G	D	D	E	D	A	T
O	W	I	H	N	C	C	A
L	M	L	J	N	A	Z	T
V	N	T	E	E	T	H	O
E	C	Z	W	T	S	X	E
S	W	A	T	C	H	E	S

UNIT 04 셀 수 없는 명사 본문 p.15

Step 1

1 ×　2 ×　3 ○　4 ○　5 ○
6 ×　7 ○　8 ×　9 ×

Step 2

Grocery List

	셀 수 있는 명사	셀 수 없는 명사
① milk	☐	☑
② egg	☑	☐
③ bread	☐	☑
④ ketchup	☐	☑
⑤ banana	☑	☐
⑥ pineapple	☑	☐

Step 3

1 rice / I eat rice.　2 Seoul / I live in Seoul.
3 rain / I like rain.　4 Tom / Tom is my friend.
5 milk / I drink milk.

UNIT 01~04 리뷰테스트 본문 p.18

1  — umbrella
2  — rabbit
3  — zoo
4  — firefighter

zoo
umbrella
rabbit
firefighter

5

F	L	O	M	H	D
P	I	A	N	O	I
F	O	T	C	U	P
A	N	I	E	S	S
H	T	R	E	E	P
N	O	A	Z	Y	A

6 a banana　7 ants　8 students
9 a car　10 a　11 a
12 an　13 leaves　14 trucks
15 children　16 (c)herries
17 (f)lowers　18 (m)ice
19 ×　20 ×　21 ○
22 ○　23 ×　24 ×

25

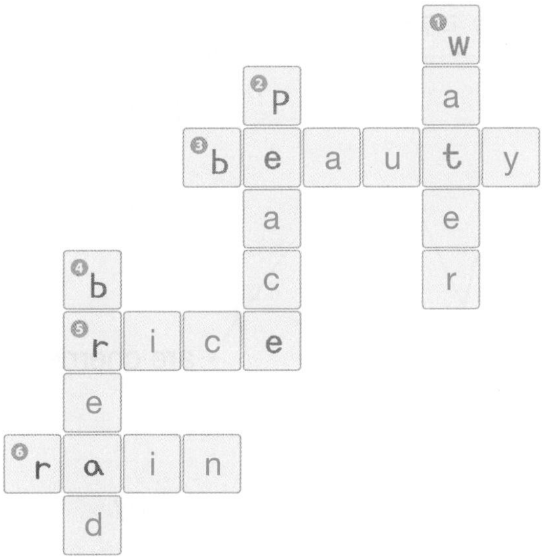

UNIT 05 주격 대명사 I, We, You
본문 p.21

Step 1

1 I　2 We　3 You　4 You　5 We

Step 2

1 You　2 We　3 You　4 I
5 We　6 You　7 I　8 You

Step 3

1 I / I am a singer.
2 You / You are my friends.
3 We / We like to dance.
4 I / I am a scientist.
5 You / You are my sister.

UNIT 06 주격 대명사 He, She, They, It
본문 p.25

Step 1

1 She　2 It　3 He　4 He　5 It
6 They　7 They　8 She　9 They

Step 2

1 It　2 They　3 She
4 It　5 They　6 He

Step 3

1 She / She is a teacher.
2 They / They are dogs.
3 It / It is a cat.
4 He / He is a doctor.
5 They / They are animals.

UNIT 07 목적격 대명사
본문 p.29

Step 1

1 her　2 it　3 them
4 him　5 you　6 them

Step 2

1 him　2 it　3 her　4 They
5 them　6 us　7 me　8 They

Step 3

1 them / I eat them.
2 her / They love her.
3 me / My dog likes me.
4 us / Our parents love us.
5 him / I like him.

UNIT 08 소유격 대명사
본문 p.33

Step 1

1 그녀의　2 너의　3 그의
4 우리의　5 나의　6 그들의

Step 2

1 his	2 Her	3 Its
4 Your	5 My	6 our
7 his	8 Their	

Step 3

1 our teacher	2 his bike
3 their house	4 her car
5 my cup	6 your hat
7 its tail	

UNIT 09 지시대명사 본문 p.37

Step 1

1 These	2 That	3 Those
4 This	5 That	

Step 2

1 This	2 These	3 That
4 Those	5 These	6 That
7 This	8 Those	

Step 3

1 These / These are dolphins.
2 This / This is an umbrella.
3 Those / Those are girls.
4 That / That is my grandma.
5 Those / Those are cars.

UNIT 05~09 리뷰테스트 본문 p.40

1 They	2 He	3 They

4  — He — is shy.
5  — They — are cherries.
6  — She — is angry.
7  — It — is a boat.

8 (H)e / (h)er	9 (W)e / (t)hem
10 me	11 his
12 them	13 us
14 them	15 They
16 our	17 her
18 That	19 These
20 This	

UNIT 10 be동사 '(~이)다' 본문 p.43

Step 1

1 is	2 am	3 are
4 is	5 is	6 are

Step 2

1 is	2 are	3 are
4 is	5 am	6 are

Step 3

1 I am	2 He is	3 It is
4 They are	5 You are	6 She is

UNIT 11 be동사 '(~에) 있다'
본문 p.47

Step 1

1 있다　2 이다　3 있다　4 있다
5 이다　6 있다　7 있다　8 이다

Step 2

1 ②　2 ①　3 ③　4 ②

Step 3

1 

2 

3 

4 

5 

He is in the kitchen.

The monkeys are in the tree.

She is at the beach.

The cushions are on the sofa.

Elephants are in the zoo.

UNIT 12 be동사의 부정문
본문 p.51

Step 1

1 are　2 is not
3 am not　4 is

Step 2

1 am not　2 is not　3 are not
4 are not　5 is not　6 is not

Step 3

1 isn't　2 I'm not　3 aren't
4 isn't　5 aren't

Step 4

1 3, 1, 2　2 2, 1, 3　3 2, 3, 1
4 1, 3, 2　5 2, 3, 1

UNIT 13 be동사로 묻고 답하기
본문 p.55

Step 1

1 1, 3, 2　2 2, 3, 1　3 2, 1, 3
4 3, 2, 1　5 2, 1, 3

Step 2

1 Is she a painter?　2 Are they happy?
3 Is it yellow?　4 Are they shoes?
5 Is he a police officer?

Step 3

1 I am　2 No　3 they aren't
4 you are　5 it isn't　6 No
7 they are　8 Yes

UNIT 14 일반동사
본문 p.60

Step 1

1 play　2 drinks　3 cuts
4 drive　5 hates　6 wash

Step 2

1 rides　2 sing　3 go
4 likes　5 wear　6 has

Step 3

1 speaks　2 watch　3 fixes
4 hits　5 eats　6 makes
7 drink　8 reads

UNIT 15 일반동사의 부정문
본문 p.63

Step 1

1 do not　2 does not　3 do not
4 drink　5 does not　6 do not
7 does not　8 drive

Step 2

1 do not　2 read　3 does not
4 don't　5 does not　6 doesn't
7 does not　8 like　9 have
10 do not

Step 3

1 likes cats / likes games
2 doesn't like onions / doesn't like books
3 likes singers / likes violin
4 doesn't like spicy food / doesn't like hospitals

UNIT 10~15 리뷰테스트
본문 p.66

1 is　2 am　3 play　4 이다
5 있다　6 이다　7 있다　8 Is it blue?
9 Are you hungry?　10 Is this your toy?

14 aren't　15 I'm　16 isn't
17 doesn't　18 eats　19 washes
20 don't like